A Giant Is Born

Nace un gigante

Story and Photos by

Cuento y fotos por

María Luisa Retana

An invitation to visit the giants at the Saguaro National Park in Arizona

To my South Carolina friend Janelle Allen-Gregg and her kids Janiya, Jamyka, Jakiya, Jameya, and Jatyla

A mi amiga de South Carolina Janelle Allen-Gregg y sus niños Janiya, Jamyka, Jakiya, Jameya, y Jatyla

The author would like to acknowledge the support of some of her family members. Thank you to: Guillermo Retana, **Talía Alina Retana**, Miles Mathew Last, (the youngest of the Retana pack), and Izak Last for accepting an invitation to be part of the story by appearing in two photos. A special thanks to Izak Last for editing the book's English text. It is also with deep gratitude that Mrs. Retana offers a big thank you to her friend of many years, Diane Fahrner, for her constant support, encouragement and assistance in editing the story's photos and formatting for the e-reader and print-on-demand versions.

http://www.mariaretanabooks.com

Best Wishes

María L. Retana

My name is Giant Saguaro and my home address is the Saguaro National Park in Arizona. I stand majestic at 50 feet tall and weigh 6 tons although most of it is water inside of my stems. In this habitat, my survival means the survival of many other plants and animals. This summer I will be turning 150 years old but I am expected to live another 25. In this dry and harsh place I provide necessary shelter and food for many birds, reptiles, insects, and mammals. After I pass on, my skeleton will become home for insects, rodents and small mammals that live on the desert floor. Therefore, my essence will still be present among the other guardians of the Sonoran Desert and its inhabitants. Listen to my story, dear reader, and you will better understand me and where I come from.

Mi nombre es Saguaro Gigante y mi domicilio está en el Saguaro National Park en Arizona. Imponente vigilo a 15 metros de altura y peso 6 toneladas, aunque la mayor parte es agua en el interior de mis tejidos. En este hábitat, mi supervivencia es la supervivencia de muchas otras plantas y animales. Este verano cumpliré 150 años, pero se espera que viva 25 años mas. En este lugar seco y tosco proporciono el refugio y el alimento necesario para muchas aves, reptiles, insectos y mamíferos. Después de que yo muera, mi esqueleto se convertirá en el hogar de insectos, roedores y pequeños mamíferos que viven en el suelo del desierto. Por lo tanto, mi esencia seguirá presente entre los otros guardianes del Desierto de Sonora y sus habitantes. Escucha mi historia, querido lector, y así me entenderás mejor y sabrás de dónde salí.

Life for us saguaros starts in May when a mature saguaro blooms creamy white waxy flowers with golden pollen centers. These flowers are carried on the ends of the branches. They alternate opening, a few at a time, one night after a few others close the next day around noon. By then, this waxy flower starts to wilt after being pollinated that night by the Long-nosed Bat, and in the early hours of the day, by bees and the White-winged Dove. For weeks, we keep blooming and providing the sweetest nectar ever imagined. It's no wonder we hold the honor of being Arizona's state flower.

La vida para nosotros los saguaros comienza en mayo, cuando flores de color crema, de apariencia como cera, con los centros de polen dorados entran en sazón. Estas flores se encuentran en los extremos de las ramas. Ellas toman turno, abriéndose cada noche y cerrándose al mediodía del día siguiente. Para entonces, esta flor de cera comienza a marchitarse después de la polinización de esa noche por el Murciélago de Hocico Largo, y en las primeras horas del día, por las abejas y la Tórtola Aliblanca. Durante varias semanas, florecemos y proveemos el néctar más dulce jamás imaginado. Por algo será que somos honrados al ser reconocidos como la flor del estado de Arizona.

Come summer, when the Monsoon rains of the Southwest arrive, the already mature fruits open and many fall to the ground. However, because the seeds are a morsel for many rodents and small birds, the seeds are devoured and germination no longer occurs under or near the elder saguaro that gave me birth. Birds like the Inca Dove and the Gambel's Quail digest the fruit and seeds thoroughly and are not the ambassadors of germination, leaving the job to other permanent dwellers of the desert.

En el verano, cuando llegan las lluvias torrenciales del sudoeste, los frutos maduros se abren y muchos caen al suelo. Sin embargo, debido a que las semillas son un manjar para los roedores y las aves pequeñas, las semillas son devoradas y la germinación ya no se produce bajo o cerca del saguaro anciano que me dió a luz. Las aves, tales como la Tortolita Mexicana y la Codorniz Desértica, digieren enteras el fruto y las semillas, y por ésto no son los embajadores de la germinación, dejando el trabajo a otros habitantes permanentes del desierto.

Instead, germination is the responsibility of the Coyote and Arizona's State Bird, the Cactus Wren. They both deposit their droppings of undigested Saguaro fruit and seeds, not just on the desert floor but also under a special tree: the Palo Verde (which just so happens to be Arizona's State Tree).

En cambio, la germinación es la responsabilidad del Coyote y el pájaro del estado de Arizona, la Matraca del Desierto. Ambos depositan sus desechos de la fruta y semillas del saguaro no digeridas, no sólo en el suelo del desierto pero también debajo de un árbol muy especial: el Palo Verde (que por casualidad es el árbol que representa al estado de Arizona).

Only under the protection of this leader nurse tree will the seedlings survive freezing nights, extreme high temperatures, and its tender and tasty shoots being devoured by rodents and other creatures for years to come.

Sólo bajo la protección de este árbol nodriza los brotes sobrevivirán las noches heladas, las altas temperaturas extremas, y se salvarán sus tiernos y sabrosos retoños de ser devorados por los roedores y otros animales en años venideros.

During the first eight years of my life I grow very slowly at about 1 to 2 inches. Soon after my eighth birthday my spines and pleats start to expand like an accordion, moving as slowly as my growth. I am sad to have to report that my protector, the Palo Verde, passed on after I drained all the water and nutrients from its life-giving surrounding earth. At age 35 after reaching 15 feet tall, I give birth to other giants. Only then am I able to appreciate my fellow desert inhabitants, all of which I will happily describe next.

Durante los primeros ocho años de mi vida crezco muy lentamente, a un promedio de 2.5 a 5 centímetros. Al cumplir los ocho años mis espinas y pliegues comienzan a expandirse como una acordeón, moviéndose tan lentamente como mi crecimiento. Lamento tener que informar que mi protector, el Palo Verde, ya descansa en paz después de haberle escurrido toda el agua y los nutrientes que la tierra le dió. A los 35 años de edad, después de alcanzar 4.5 metros de altura, doy a luz a otros gigantes. Sólo entonces es cuando soy capaz de apreciar a mis compañeros, los moradores del desierto, a los cuales con mucho gusto los describiré a continuación.

In early spring I am surrounded by wildflowers, the Desert Globe Mallow being one of my favorites. From my vantage point, it's a delight to see how it attracts desert pollinators during the spring and summer months. Its orange hue offers energy to all of us.

Al comienzo de la primavera estoy rodeado de flores silvestres, la Sphaeralcea ambigua del desierto es una de mis favoritas. Desde donde estoy, es un placer ver cómo los polinizadores del desierto son atraídos durante los meses de primavera y verano por ésta. Su color anaranjado brinda energía para todos nosotros.

In the earliest days of spring the Brittlebush Flower is the champion at the Saguaro National Park. Its two hues of yellow display a magnificent tapestry on the desert floor. The Brittlebush Flower belongs to the Sunflower family and its nectar is food for many desert creatures.

En los primeros días de primavera la Flor incienso es la campeona en el Saguaro National Park. Sus dos tonos de amarillo nos brindan un magnífico tapiz que se extiende en el suelo del desierto. La Flor incienso pertenece a la familia del Girasol y su néctar es alimento para muchas criaturas del desierto.

I also share my home with the beautiful Ocotillo. The Ocotillo prefers a habitat that is open, very rocky, and where the soil is well-drained. Rocky slopes, mesas, washes, and desert grassland make the ideal home. They may live well over 100 years, as long as a human! If weather conditions are in its favor the Ocotillo can bloom both in the spring and during the Monsoon rains. It's a favorite of hummingbirds and bats due to its exquisite sweet nectar.

También comparto mi casa con el bello Ocotillo. El Ocotillo prefiere un hábitat que sea abierto, muy rocoso, y dónde el suelo esté bien escurrido. Las pendientes rocosas, las mesetas, los arroyos temporales, y los pastizales del desierto crean un hogar ideal. ¡Pueden vivir más de 100 años, tanto como un ser humano! Si las condiciones climáticas están a su favor el Ocotillo puede florecer en la primavera y durante las lluvias torenciales de verano. Es el predilecto de los colibríes y de los murciélagos debido a su dulce y exquisito néctar.

The Hedgehog Cactus is certainly a feast for the eyes! This ribbed cactus, small to medium in size and cylindrically shaped, is found in very sunny and rocky places. It shares the same landscape as the Ocotillo and also grows near Palo Verde trees. Its violet flower attracts pollinators and admirers alike! I am one of them!

¡El Cactus erizo es sin duda un banquete para los ojos! Este cactus con costillas rectilíneas, de tamaño entre pequeño a mediano y forma cilíndrica, se encuentra en lugares muy soleados y pedregosos. Comparte el mismo paisaje que el Ocotillo y también crece cerca del Palo Verde. ¡Su flor violeta atrae a los polinizadores y admiradores por igual! ¡Yo soy uno de ellos!

Another of my dear neighbors is the Golden Barrel Cactus. It takes 20 years for its first flower to appear. The pineapple-shaped fruit is a favorite of many birds and other creatures. The spines can be very painful to animals and humans alike.

Otro de mis queridos vecinos es el Cactus Barril de Oro. Su primera flor aparece después de 20 años. Su fruto en forma de piña es el favorito de muchas aves y otras criaturas. Las espinas pueden ser muy dolorosas, tanto para los animales como para los seres humanos.

From a distance, the Teddy-bear Cholla's stems appear soft and fuzzy, giving it its name. But beware: for it is not as cuddly as your Teddy Bear at home! The Teddy-bear Cholla reproduces using dropped stems. The spines are barbed and, in time, acquire a ball shape. Kangaroo Rats use these balls around their burrows to create a defense against predators. Teddy Bear is cousin of the Jumping Cholla who you are about to meet.

Desde la distancia, los tallos de la Cholla Oso de Peluche aparecen suaves y lanudos, de ahí su nombre. ¡Pero cuidado: pues no es tan tierno como el osito de peluche que tienes en casa! La Cholla Oso de Peluche se reproduce al caer sus tallos en la tierra. Las espinas son como púas y, con el tiempo, adquieren forma de bola. Las ratas canguro utilizan estas bolas alrededor de sus madrigueras para crear una defensa contra los depredadores. El Oso de Peluche es el primo de la Cholla Cylindropuntia fulgida que conocerás enseguida.

The Jumping Cholla is very spiny and can "jump" onto anything that moves. This is because the spiny segments break off easily, jumping onto passers-by. Its fruit is a blessing during a drought and is a delight to all desert animals.

La Cholla Cylindropuntia fulgida es muy espinosa y puede "saltar" a cualquier cosa que se mueva. Esto se debe a que los segmentos espinosos se quiebran con facilidad, saltando a los transeúntes. Su fruto es una bendición durante una sequía, y es una delicia para todos los animales del desierto.

The Staghorn Cholla is a tree-like cactus named for its branches which look like the horns of a stag. Its flowers and fruit are very interesting and loved by all.

La Cholla Cuerno de Ciervo es un cactus en forma de árbol, nombrado así por sus ramas que se parecen a los cuernos de un ciervo. Sus flores y frutos son muy interesantes y muy queridos por todos.

Dear reader, as I near the end of my story I am happy to say that I've offered everything I have in my lifetime. Throughout the years I have provided shelter for many birds who have raised their families by making nests in my stems. Of all the species that live with me, the Elf Owl in one of my favorites. In my stem she rebuilds the inside of a left-over woodpecker nest for her owlets at a height of 15 to 35 feet. For this reason, you could say that she recycles! I appreciate this because I already have enough holes in my old, tired body. She also comes in without a sound, feeds her young with care, and guards them. The mother owl knows that predators, including other owls, snakes, coyotes, bobcats and ringtail cats, may devour her family. I am sure she is thankful that I am very tall.

Querido lector, ya en vísperas del final de mi historia, me siento feliz de decir que he ofrecido todo lo que tengo en mi vida. A lo largo de los años he dado refugio para muchas aves que han criado a sus familias al hacer sus nidos en mis tejidos. De todas las especies que viven conmigo, el Búho Enano es una de mis favoritas. Para sus polluelos, en mi tronco la hembra reconstruye el interior de un nido abandonado por un pájaro carpintero de entre los 4.5 a los 11 metros de altura. ¡Por esta razón, se podría decir que recicla! Yo lo agradezco, porque ya tengo bastantes agujeros en mi cuerpo viejo, cansado. Ella también llega sin hacer ruido, alimenta a sus polluelos con cuidado y los defiende. El búho madre sabe que los depredadores, incluyendo a otros búhos, serpientes, coyotes, linces y gatos cola anillada, pueden devorar a su familia. Estoy seguro de que está agradecida de que soy muy alto.

When my time to pass on comes I know I have guarded my habitat and helped other inhabitants survive this harsh but marvelous and magical place.

Cuando llegue el día de mi muerte sabré que he cuidado mi hábitat y he ayudado a los demás habitantes a sobrevivir este tosco pero maravilloso y mágico lugar.

And when only my skeleton is left, I will still provide for my fellow desert friends. Inside my skeleton, before and after my fall, insects, rodents, and other desert ground dwellers will have shelter and a place to store their food supply and raise their families! I rest easy knowing I will always be happy as permanent resident of the Saguaro National Park.

Y cuando sólo quede mi esqueleto, todavía proveeré para mis amigos del desierto. ¡Dentro de mi esqueleto, antes y después de mi caída, insectos, roedores y otros habitantes que viven en el suelo del desierto tendrán una vivienda y un lugar para almacenar sus alimentos y criar a sus familias! Puedo estar tranquilo sabiendo que siempre seré un feliz residente del Saguaro National Park.

About the Author/Sobre la Autora

María Luisa Retana was born in Cuba. She received her B.A. in Spanish and Comparative Literature from the University of California, Riverside. She has worked extensively with children of all ages in scholastic and cultural events as well as in theater. She is the author of sixteen published bilingual children's books and also a literary presenter for students, teachers, librarians, and parents. On December 2008 Mrs. Retana received her first literacy award given by the International Reading Association and the Cochise Area Council.

María Luisa Retana nació en Cuba. Se recibió con una Licenciatura en Literatura Española y Comparada de la Universidad de California en Riverside. Ha trabajado extensamente con niños de todas las edades en eventos escolares y culturales, e igualmente en teatro. Es la autora de diez y seis libros bilingües para niños y es también presentadora literaria para estudiantes, maestros, bibliotecarios y padres. En diciembre del 2008 la Sra. Retana recibió su primer premio literario dado por The International Reading Association y por The Cochise Area Council.